DISCOURS

PRONONCÉS AUX OBSÈQUES

DU

Docteur RAMPAL

A MARSEILLE ET A DRAGUIGNAN

Les 28 et 29 Décembre 1890.

MARSEILLE
TYPOGRAPHIE ET LITHOGRAPHIE J. CAYER
Rue Saint-Ferréol, 57.

—

1891

DISCOURS

PRONONCÉS AUX OBSÈQUES

DU

Docteur RAMPAL

DISCOURS

PRONONCÉS AUX OBSÈQUES

DU

DOCTEUR RAMPAL

A MARSEILLE ET A DRAGUIGNAN

Les 28 et 29 Décembre 1890.

MARSEILLE
TYPOGRAPHIE ET LITHOGRAPHIE J. CAYER
Rue Saint-Ferréol, 57.

1891

DISCOURS

DE

M. BRÛ D'ESQUILLE

Secrétaire-Général de la Préfecture des Bouches-du-Rhône.

Messieurs,

L'absence de M. le Préfet des Bouches-du-Rhône m'impose la triste obligation de parler devant vous.

La première pensée qui me frappe, c'est que, s'il peut exister une consolation aux douleurs de l'heure présente, elle se trouve assurément dans cet hommage public rendu par une foule pieuse à la mémoire de l'homme de bien ; ses vertus lui font cortège, les regrets des consciences droites l'accompagnent, son souvenir est pour tous un exemple et une leçon.

Des voix plus autorisées, Messieurs, vous diront la vie du Docteur Rampal. Nouveau venu dans cette ville, je l'ai peu connu. Cependant, il y a quinze jours à peine, alors que, par une cruelle ironie de la destinée, sa santé robuste semblait lui promettre un long avenir, j'avais eu avec lui un entretien affectueux dont j'avais gardé une impression des plus vives et qui emprunte aux circonstances actuelles un relief plus saisissant encore : un visage empreint d'une haute distinction ; un regard franc et honnête ; une parole précise, aux intonations caressantes dans leur douce gravité ; le désir d'être agréable ; le besoin d'être utile : telle était cette physionomie profondément sympathique.

Vice-Président du Conseil d'Hygiène, estimé et aimé de ses collègues comme de tous ceux qui l'approchaient, il était constamment à la recherche de tous les progrès qui peuvent améliorer le bien-être général ; sa collaboration assidue nous était précieuse, sa compétence indiscutée guidait souvent nos décisions.

Et voilà pourquoi, Messieurs, au nom de M. le Préfet des Bouches-du-Rhône, au nom de l'Administration préfectorale, je salue d'un suprême adieu cette victime du courage professionnel, ce vaillant soldat du devoir qui fut le Docteur RAMPAL.

DISCOURS

DE

M. le Docteur CHAPPLAIN

Directeur de l'École de Médecine et de Pharmacie.

Messieurs,

C'est pour la cinquième fois, depuis deux mois à peine, que le Corps médical se réunit pour rendre les derniers devoirs à l'un de ses membres.

C'est à la tête que la mort nous frappe ! car les victimes qu'elle choisit sont parmi celles que nos concitoyens honorent de leur estime, de leur considération, de leur respect. Ce sont : Martin, le spécialiste habile et populaire ; Van-Gaver, le savant clinicien ; Nicolas-Duranty et Rampal, deux des plus éminents professeurs de l'École de Médecine. Presque tous sont morts sur la brèche, victimes du devoir.

La carrière médicale est une noble carrière qui réclame des hommes virilement trempés par le travail, le dévoûment et le courage.

Le travail, qui dure autant que la vie du médecin, à qui il enseigne toutes les ressources de la science, connaissances qui, seules, lui permettent de conserver le calme de la conscience, alors que de si lourdes responsabilités pèsent sur lui.

Le dévoûment, qui lui fait consacrer les heures les plus précieuses de la journée au service des indigents, et par lequel ses actes professionnels ne sont pas tarifés au poids de l'or.

Le courage enfin, qui n'a pas l'entrain du combat, l'odeur de la poudre, l'honneur du pays, mais qui, froid et silencieux, ne perd pas son énergie dans les longs jours et les longues nuits pendant lesquels un ennemi, dont il voit les terribles ravages, menace incessamment son existence. Courage obscur, ignoré, dont la grandeur ne se dévoile que par l'éclat de la mort.

Ces qualités, qui sont l'apanage du médecin digne de ce nom, nous les retrouvons chez celui qui fut justement honoré et respecté, dont nous accompagnons aujourd'hui la dépouille mortelle.

Rampal, Louis-Marius, est né à La Bourdonnière, le 29 janvier 1824. Il appartenait à une famille honorable et modeste de propriétaires ruraux, chez lesquels il demeura jusqu'à l'âge de douze ans. Ce fut sous la direction du curé de son hameau qu'il commença ses études de latinité, qu'il poursuivit au Petit Séminaire et termina au Lycée.

Les épreuves du baccalauréat surmontées avantageusement, Rampal se fit inscrire à l'École secondaire de médecine et aborda bientôt les concours des hôpitaux. Il fut successivement nommé externe et interne ; et, à l'expiration de son temps d'internat, le 31 décembre 1846, il se dirigea sur Paris.

Rampal, en arrivant dans la grande ville, avait plus d'espérances que d'argent, et, comme plusieurs de nos maîtres les plus utiles, il dut chercher dans un travail accessoire les moyens de conserver son modeste pécule et de subvenir à ses besoins. Il fut d'abord répétiteur à Sainte-Barbe, puis trouva une situation plus conforme à ses goûts dans la maison de santé de la veuve Delamarche.

Il poursuivait, pendant ce temps, ses études avec acharnement. Son zèle le fit remarquer de plusieurs de ses maîtres et lui conquit alors de solides amitiés, notamment celle de notre vieux doyen Orfila, dont tous ceux de notre époque ont conservé un respectueux souvenir.

Notre regretté collègue poursuivait alors un plan dont la réalisation était proche. Le concours pour le chef-internat des hôpitaux de Marseille allait s'ouvrir en février 1850. Il quitta alors Paris, prit part au concours et sortit victorieux de la lutte.

Rampal, chef interne de l'Hôtel-Dieu, appartenait désormais à Marseille. Il ne retourna à Paris que pour y soutenir une thèse sur l'*Infection purulente chez les Amputés* et y recevoir le titre de docteur, le 27 août 1851.

Sa période de chef-internat fut marquée, en 1854 et 1855, par une double épidémie de choléra. Les médecins perdaient beaucoup de malades, lorsque, au milieu de la panique universelle, des voix de médecins s'élevèrent, qui proclamèrent que, par l'emploi de leur méthode, ils ne perdaient pas un seul malade. Les autorités s'émurent de ces promesses fallacieuses, et on appela les adeptes du nouveau système dans une des salles de l'Hôtel-Dieu pour y faire l'épreuve de leur traitement. RAMPAL fut chargé de la diriger ; il se mit à l'œuvre aussitôt, distribuant les malades destinés à être soignés d'après la méthode nouvelle avec la plus complète loyauté, et se prêtant à tout ce qui pouvait favoriser le jugement impartial à tirer de cet essai. L'expérience fut désastreuse ; c'est à peine si quelques malades sortirent vivants de cette salle de l'Hôpital où la mort ne devait pas avoir d'accès.

Cette expérience, rapidement terminée par la fuite des expérimentateurs, avait cependant fixé vivement l'attention des principales autorités du département et de la ville. On apprécia l'intelligence, l'habileté, la sagacité du chef interne, en même temps qu'on rendait pleine justice à l'honnêteté dont il avait fait preuve. Parmi ceux qui remarquèrent le plus favorablement sa conduite, se trouvait le Préfet d'alors, M. de Crêvecœur, qui lui facilita l'accès aux premières positions officielles qui lui furent accordées.

Ce ne furent pas les seules armes que RAMPAL eut à fourbir à l'encontre du choléra. Dans les diverses épidémies qui frappent notre ville, nous le trouvons dans les bureaux de secours. Mais il était une épidémie, dont je tiens à rappeler le souvenir, dans laquelle il joua un rôle important à côté de plusieurs de ses collègues, parmi lesquels nous comptons le regretté NICOLAS-DURANTY. Personne n'a oublié cette double épidémie de 1884-1885 pendant laquelle un Préfet, M. Cazelles, poursuivit avec l'acharnement de l'homme de science la marche envahissante du choléra. Quatre de nos collègues furent ses acolytes ; il n'est pas une des plus petites localités du département qui ne reçut leur visite ; et, l'épidémie passée, ils en devinrent les historiographes.

J'ai hâte d'arriver à la part prise par RAMPAL dans l'enseignement de l'École de Médecine.

Il entra à l'École en qualité de professeur adjoint de clinique chirurgicale, le 12 décembre 1856, n'ayant alors que trente-deux ans. Il ne conserva pas longtemps cette situation, et devint, le 30 mars 1857, adjoint d'anatomie et de physiologie. Par cette nomination, RAMPAL pénétrait dans la sphère d'enseignement qu'il devait parcourir avec tant de succès pendant toute sa carrière de professeur. Il fut titulaire de la chaire d'anatomie le 28 février 1868.

Il me faudrait un temps trop long pour vous dire ce que RAMPAL fut dans cette chaire qui est une des plus importantes de l'École. Je devrais le suivre dans cette évolution de l'enseignement que l'on ne saurait comprendre, si on ne l'a attentivement observée dans sa marche progressive. On pourrait dire qu'il a pris l'anatomie à son berceau pour lui donner tout le développement qu'elle comporte. Il était seul à la tâche au début, et cet enseignement occupe aujourd'hui quatre de nos collègues. Aussi pouvons-nous dire, à sa louange, que nulle part l'enseignement de l'anatomie n'est plus complet qu'à Marseille.

RAMPAL fut un professeur éminent, savant. Son élocution était facile, ses explications claires, simples et profitables à tous ses auditeurs. Il fut zélé et esclave de son devoir. Un de ses suppléants me disait que, pendant douze ans qu'il avait été attaché à sa chaire, il ne l'avait jamais remplacé.

Je voudrais être bref, Messieurs, mais je trouve tant de services rendus, à tant de titres, dans cette laborieuse carrière, que j'en suis réduit à ne faire que vous les énoncer.

Nous le trouvons partout : aux ambulances, à la justice, à l'hygiène.

En 1847, il fut appelé, au titre de sous-aide requis, dans les hôpitaux militaires, et, quand vint la terrible année de nos désastres, il fut chargé de deux ambulances établies par les religieuses de l'Espérance et de Cluny, dans lesquelles il reçut deux cents malades et ne compta que deux morts.

Il eut l'honneur d'assister la justice pendant de longues années, soit dans la recherche des crimes, soit dans les expertises civiles. Son autorité était acceptée ; et, peut-être aujourd'hui encore, dans les affaires difficiles, le parquet faisait-il appel à sa grande expérience ?

C'est particulièrement au Conseil d'Hygiène du premier arrondissement des Bouches-du-Rhône qu'il a consacré son activité. Il y fut appelé en décembre 1855, y occupa les fonctions de secrétaire pendant plusieurs années, et fut nommé à la vice-présidence en 1870, fonction qu'il occupait encore au moment de sa mort.

Les travaux si importants, si intéressants de ce Conseil avaient été délaissés depuis 1859.

En 1875, RAMPAL prit à tâche de réparer cette lacune et publia successivement plusieurs volumes de mémoires et de rapports. Cette œuvre fut récompensée par M. le Ministre de l'Agriculture et du Commerce, qui lui décerna d'abord deux médailles d'argent et plus tard une médaille d'or.

La grande expérience que RAMPAL avait acquise dans les questions d'hygiène le signalait au choix de M. le Maire, lorsqu'il constitua la Commission Sanitaire Municipale. Sa haute raison, son expérience, son amour du bien lui donnèrent une grande autorité pour la solution des nombreuses questions qui se présentèrent à la Commission. Nous nous souvenons notamment de son intervention utile dans l'étude de l'assainissement de notre ville, question qui le captivait particulièrement et dont il ne lui a pas été donné de voir la réalisation.

RAMPAL a peu écrit ; son œuvre principale a été les *Mémoires et Actes du Conseil d'Hygiène*.

Il participa largement à la publication qu'on pourrait appeler les *Archives du Choléra de* 1884-1885. Parmi ses œuvres médico-légales, nous trouvons quelques rapports importants, notamment celui qui a été fait en collaboration avec plusieurs d'entre nous, dans lequel furent discutées des questions de survie, qui sont, sans contredit, les questions les plus difficiles et les plus obscures de la science médicale du Palais.

Cette vie si bien remplie avait droit à des récompenses. Nous avons dit déjà qu'il reçut du Ministre de l'Agriculture et du Commerce quatre médailles, l'une d'or et les autres d'argent. Il obtint les palmes d'officier d'Académie le 5 janvier 1875 ; celles d'officier de l'Instruction publique le 12 juillet 1888, et fut enfin honoré de la croix de chevalier de la Légion-d'Honneur le 30 mars 1885. L'École de Médecine et de Pharmacie le porta par ses suffrages au Conseil Général des Facultés.

Vous parlerai-je maintenant de l'homme privé ? du médecin civil ? Tous ses clients vous diront quels furent les soins intelligents et dévoués qu'il leur a prodigués. Ses amis se rappelleront longtemps l'aménité de son caractère, la vivacité de ses affections, son sens droit dans la discussion, l'agrément de son commerce ; ses collègues n'oublieront pas la lucidité de sa raison, son amour du bien et ses nobles aspirations vers le progrès et l'amélioration de nos institutions médicales.

RAMPAL couronne une belle existence par une mort produite par l'exercice du devoir professionnel. Ces épidémies, ces affections contagieuses qu'il avait affrontées avec le courage calme et froid que lui inspirait la sainteté du devoir, devaient à son tour se lever contre lui et se rendre maîtresses de sa forte constitution. Après avoir prodigué ses soins à un enfant atteint de diphtérie, il en fut atteint à son tour. Les soins ne lui manquèrent pas ; mais, malgré la sollicitude et le dévoûment dont il fut entouré, il fallut s'avouer vaincu et voir s'éteindre cette existence de travail, de dévoûment et de courage.

RAMPAL avait conservé de son éducation première des sentiments religieux qui ont adouci pour lui l'aspect et l'approche de la mort.

Ces mêmes sentiments ont été et sont encore une consolation suprême pour cette épouse désolée et ces enfants en proie à la plus profonde affliction qui entouraient son lit de mort.

Puissent les regrets de tous ceux qui l'ont connu, l'affliction de ses amis, les sympathies générales qui témoignent de l'estime, du respect, de la vénération dont il était l'objet, alléger la douleur de cette malheureuse famille !

Adieu, RAMPAL ! adieu, collègue ! adieu, ami ! Si tes collègues d'aujourd'hui témoignent tant de regrets de ta perte, quelle doit être l'affliction de ceux qui furent les compagnons de ta jeunesse ?

Ta vie fut exemplaire ; elle fut vouée au culte du bien. Tu fus dévoué à ta famille, à tes amis, à tes clients, aux malheureux disgraciés de la fortune. Puisses-tu, dans un monde meilleur, trouver la récompense de toutes tes vertus !

Adieu, encore, ami, ou plutôt, au revoir !

DISCOURS

DE

M. Charles VINCENS

Chancelier de l'Académie des Sciences, Belles-Lettres et Arts.

Messieurs,

L'Académie des Sciences, Lettres et Arts de Marseille est éprouvée de nouveau, et le coup qui la frappe aujourd'hui est un de ceux qu'elle aura le plus vivement ressentis, car la mort vient de nous enlever l'éminent confrère que nous avions tout récemment élu Directeur de notre Compagnie.

M. le Docteur Rampal justifiait de tous points cet honneur, qui venait s'ajouter à tous ceux qu'il avait mérités dans une laborieuse et utile carrière. Des voix compétentes vous ont dit ses succès dans les concours, dans le professorat, dans les fonctions délicates de médecin légiste, de Vice-Président du Conseil d'Hygiène, de Président de la Société de Médecine. Permettez à celui qui, dès sa sortie du Lycée, fut son élève, de vous rappeler ses qualités de cœur et ses titres à votre sympathique estime.

C'est en 1850 que j'eus l'honneur d'être sous sa direction à l'Hôtel-Dieu, où, jeune encore et déjà chef interne, il consacrait ses journées — et souvent ses nuits — à l'étude de l'anatomie et aux soins à donner aux pauvres malades. Tous, élèves et internes, nous l'aimions comme un frère aîné; car il était simple et bon, dévoué à tous et nous donnant l'exemple incessant du travail. Il l'a donné jusqu'à la fin, puisqu'il est tombé, à 66 ans, victime du devoir professionnel.

Lorsque j'abandonnai l'étude de la médecine, je continuai de le regarder comme mon maître et il était resté mon ami. Je le retrouvai à l'Académie quand vous me fîtes l'honneur de m'appeler dans vos rangs et, s'il fut heureux de me voir élu chancelier dans la même séance où vos suffrages l'appelaient à diriger notre Compagnie, comment ne serais-je pas douloureusement ému par l'obligation, que m'impose ma charge, de lui rendre aujourd'hui — moi-même — le suprême honneur que l'Académie réserve à ses membres !...

Comme l'Académie Française à laquelle elle fut affiliée par son illustre fondateur, le maréchal de Villars, l'Académie de Marseille s'est toujours distinguée par le choix des hommes éminents dont les mérites, les fonctions élevées, les services rendus au public, et le talent, consacré déjà par les suffrages de corps spéciaux, forcent, pour ainsi dire, les nôtres. — Et c'est ainsi que, en 1883, M. le Docteur RAMPAL fut appelé par vous à succéder, dans la classe des sciences, à M. Alex. CLAPIER, député de Marseille, qui, ne résidant plus dans notre ville, était devenu académicien libre.

Son discours de réception fut une aimable causerie sur l'hygiène, cette science sociale qu'il avait étudiée à fond, et dont on ne peut, sans danger, enfreindre les lois. — Il nous démontra quelle influence elle exerce sur la vie des individus comme sur celle des nations, et quel rôle considérable elle joue dans les mœurs, dans le développement des peuples, dans l'état économique — exact et vrai — de la patrie.

Le choix de ce sujet témoigne, Messieurs, de la franchise et de la loyauté d'esprit de notre regretté Directeur : car une société qui serait convaincue de la nécessité de l'hygiène et qui en observerait rigoureusement les règles, n'aurait bientôt plus besoin de médecins. — Mais la générosité du cœur, la droiture et l'honnêteté furent toujours les qualités maîtresses de M. le Docteur RAMPAL : consciencieux dans l'exercice de sa profession, exact dans l'accomplissement de ses nombreux mandats, — souvent bien difficiles, — constant dans son dévoûment à ses malades, il était digne de toutes les récompenses officielles ; sa modestie ne les lui fit pourtant obtenir qu'après un quart de siècle de travaux utiles, dont la plupart sont consignés dans douze volumes des *Comptes-rendus des Conseils d'hygiène et de salubrité du département des Bouches-du-Rhône*, dans la collection du journal *Marseille Médical*, — dans diverses brochures ayant trait à l'hygiène et à la médecine légale.

La simplicité de sa vie et de ses mœurs se reflétait dans son style, comme dans ses relations avec nous; et vous avez apprécié bien des fois son caractère affable, l'élévation de ses sentiments. — Fils d'un agriculteur de la commune d'Allauch, — car il s'était fait « tout seul », comme on dit, — il avait puisé dans la simplicité de son éducation première, à la campagne, ces impressions élevées qui forment l'âme de bonne heure ; et il prouva plus tard, dans son enseignement comme dans l'exercice de son art, qu'il savait parfaitement qu'on ne doit pas chercher l'âme dans le corps, mais bien dans la conscience, car elle est absolument indépendante de la matière organisée.

Si une excitation du cerveau surexcite l'âme à son tour, si elle est en effervescence quelquefois et désordonnée, si même ses facultés semblent éteintes et paralysées comme le corps, c'est que la nature a établi entre la force qui pense et le cerveau des rapports tels, que l'action de l'une est intimement liée à celle de l'autre. Mais ces deux forces sont cependant distinctes dans leur origine, et jamais la physiologie, qui est l'étude du corps humain, de ses organes et de leurs fonctions, n'aura rien de commun avec la psychologie, c'est-à-dire avec la science des lois de l'entendement, de la volonté, des affections.

D'ailleurs, Messieurs, le corps est périssable, et l'âme est immortelle. Cette immortalité est aujourd'hui notre seule consolation, comme celle de la famille éplorée qui a perdu un chef digne de toutes les affections et de tous les respects. Elle puisera dans sa haute piété la force nécessaire pour supporter une si cruelle épreuve. Et nous aussi, Messieurs, nous avons la certitude que notre regretté Directeur — qui fut un vrai juste — a trouvé maintenant auprès de Dieu lui-même, source de toute intelligence, — la solution de bien des problèmes philosophiques qui attirèrent son esprit ici-bas.

Il a cessé de vivre, c'est-à-dire de se dévouer ; mais il jouit aujourd'hui de la récompense éternelle réservée à ceux qui, comme lui, ont su se rendre utiles en donnant l'exemple du travail et de la probité professionnelle.

Adieu, cher et bien-aimé Directeur ! La profonde douleur que nous cause votre perte vous garantit que vous vivrez longtemps dans notre souvenir. — Adieu !

DISCOURS

DE

M. le Dr ROUX (de Brignoles)

Professeur à l'École de Médecine,

Au nom du Conseil d'Hygiène et de Salubrité des Bouches-du-Rhône.

Messieurs,

Au nom du Conseil d'Hygiène du département des Bouches-du-Rhône, je viens déposer l'expression de nos pieux regrets sur la tombe d'un de ses membres les plus distingués.

Pendant trente-cinq ans, notre collègue prit part, avec un zèle infatigable, aux travaux du Conseil. Comme Secrétaire, il s'initia d'abord à la législation qui régit nos délibérations; il étudia les nombreuses industries qui transformaient progressivement la physionomie de notre grande cité, jusqu'alors exclusivement commerçante; il connut bientôt à fond les avantages de ces créations et les inconvénients qu'elles peuvent présenter pour la salubrité publique.

Lorsque, il y a vingt ans, Rampal fut porté à la présidence du Conseil, ce fut un juste hommage rendu à son mérite. Il sut si bien diriger des travaux souvent difficiles, présider avec tant d'urbanité et de tact des débats quelquefois assez vifs, qu'il fut constamment réélu à l'unanimité des suffrages.

Assis à ses côtés pendant vingt ans, comme Secrétaire du Conseil, j'ai bien souvent admiré avec quelle habileté discrète il savait ramener à la question ceux d'entre nous qui, dans le cours d'une discussion, s'égaraient parfois dans les sentiers d'une digression stérile ; avec quelle attention il savait suivre et recueillir les opinions émises, les résumer et formuler des conclusions nettes et précises.

Il avait si bien pris à cœur ses devoirs de Président, qu'il aurait, en réalité, mieux mérité le titre de Directeur du Conseil. Tous les dossiers étaient étudiés par lui avec le plus grand soin avant de nous être soumis ; et, lorsqu'une affaire grave venait à surgir, il trouvait le temps de se mêler à la Commission chargée de l'enquête.

A la fin de chaque année, prêtant un concours précieux au Secrétaire, il travaillait au *Compte-rendu des travaux du Conseil.* Ces publications, accueillies avec faveur en haut lieu, lui valurent des récompenses méritées.

Le Conseil d'Hygiène fait en Monsieur le Docteur RAMPAL une grande perte. Les membres qui le composent regrettent vivement le cher Président qui partageait avec eux, pour la rendre moins pénible, une tâche souvent trop ingrate. Son souvenir restera longtemps présent à leur pensée ; ils sauront conserver les traditions de travail, d'indépendance et d'équité qu'il leur lègue comme devise.

DISCOURS

DE

M. le Docteur VILLARD

Professeur à l'École de Médecine,

Au nom de l'Association Générale des Médecins de France.

Messieurs,

En prenant la parole devant ce cercueil, au nom de l'Association Générale des Médecins de France, je ne puis me défendre d'une profonde et légitime émotion.

Pour la quatrième fois, dans l'espace de quelques semaines à peine, je viens me rendre votre interprète et dire un suprême adieu à l'un de nos collègues les plus dignes de notre sympathie et de notre considération. Le Docteur Louis Rampal a suivi de près dans la tombe Van-Gaver, Nicolas-Duranty, Verne et Ollive, tous nos associés les plus méritants et les plus dévoués.

Ne vous semble-t-il pas, Messieurs, qu'un souffle de mort éclaircit nos rangs sans pitié?

Jamais, depuis que j'ai l'honneur d'être votre Président, je n'ai assisté à de si cruels désastres ; jamais mes fonctions ne m'ont imposé de si fréquentes et si douloureuses obligations ; jamais, en un mot, je n'ai vu le Corps médical éprouvé par des pertes aussi désolantes et aussi imprévues. Il y a quelques jours à peine, RAMPAL était au milieu de nous, plein de vie et de santé, malgré ses soixante-sept ans. Rien ne faisait pressentir qu'il fût à la veille de payer son tribut à l'inexorable loi ; sa robuste constitution a été vaincue par une terrible maladie, dont la nature infectieuse ne respecte aucun âge, et qui, dans bien des cas, se joue de toutes nos espérances. Nous connaissons la cause immédiate de la diphtérie, sa marche souvent insidieuse ; nous luttons contre elle par des moyens énergiques qui semblent parfois couronner nos efforts ; mais le mal poursuit son œuvre, et le malade s'éteint alors que nous conservions encore l'espoir de le sauver. C'est ainsi qu'a succombé récemment et en peu de jours un de nos confrères marseillais, le Docteur Émile MARTIN, qui, bien qu'étranger à notre Association, a laissé parmi nous d'unanimes et sincères regrets.

RAMPAL, NICOLAS-DURANTY et MARTIN sont tombés au champ d'honneur, victimes de leur devoir professionnel, en prodiguant leurs soins à des malades atteints d'angine diphtéritique. Que l'on ne s'étonne pas de pareils sacrifices : le médecin n'écoute que sa conscience ; il va où le devoir l'appelle, sans se demander si le danger qu'il a pour mission de conjurer ne l'atteindra pas lui-même.

Le Docteur RAMPAL a occupé, pendant plus de quarante ans, une place considérable dans le Corps médical de notre ville. Les nombreux élèves qu'il a formés à notre

École, dans l'enseignement de l'anatomie — et je suis de ce nombre — se souviennent de son érudition méthodique et des soins minutieux qu'il apportait dans ses leçons à l'amphithéâtre; constamment à la recherche des découvertes que le microscope permettait de faire dans le domaine de son enseignement, il ajoutait aux connaissances acquises dans l'anatomie descriptive les détails les plus récents et les plus variés sur l'histologie normale, prouvant ainsi à son nombreux auditoire que la science anatomique est la pierre angulaire de l'instruction médicale. A ces titres divers, je puis le répéter après une voix plus autorisée que la mienne, la mort du Professeur RAMPAL laissera un vide considérable dans notre École.

Mais j'ai hâte d'ajouter que ce vide ne sera pas moins grand dans notre Association médicale qui comptait notre savant collègue parmi ses membres les plus fervents, les plus énergiques et les plus expérimentés. Ce n'est que justice de rappeler ici la droiture de son caractère, la délicatesse de ses sentiments, la franchise de ses opinions. Nul plus que moi n'a regretté sa retraite de notre Conseil administratif, dont il fut pendant plusieurs années un des plus fermes appuis.

Il apportait dans nos discussions une sagesse d'esprit qui contribuait souvent à résoudre des questions difficiles, une rectitude de jugement qui entraînait sans peine toutes les opinions. L'on devinait bien vite, en un mot, qu'un pareil conseiller avait une connaissance approfondie des hommes et des choses.

L'on s'est étonné que RAMPAL, avec son savoir et son

expérience, n'ait pas fait partie du Corps médical des hôpitaux, alors qu'il en avait été un des plus brillants chefs internes, contemporain des BERNARD, des CHAPPLAIN, des JOURDAN, des BERRUT. L'Administration hospitalière venait, à cette époque, d'instituer le concours pour les places de médecin et de chirurgien adjoint, mesure libérale s'il en fut jamais, car elle abolissait tout privilège, tout népotisme et tout droit consacré par l'usage.

RAMPAL venait de terminer son chef-internat à l'Hôtel-Dieu. Il lui était permis d'espérer que cette mesure ne l'atteindrait pas, et qu'il serait le dernier élu d'un régime définitivement condamné. Il n'en fut rien ; notre collègue, conscient de sa valeur et des services rendus, protesta contre une institution que ses succès passés, son mérite reconnu auraient dû défendre contre les attaques qui la menaçaient. Il préféra se retirer de la lutte, renoncer à la victoire et se consacrer à cet enseignement qui devait devenir l'objectif de sa longue carrière universitaire.

Ce fut une perte pour le Corps médical des hôpitaux, pour les pauvres malades aux soins desquels il s'était attaché pendant six ans, aussi bien que pour les élèves qui étaient habitués à le prendre pour guide et pour conseil dans les premières années de leurs études scientifiques et pratiques. De la part de notre collègue, ce fut moins une faute qu'une erreur ; car ce que RAMPAL considérait comme un déni de justice devait être une ère de rénovation et de puissante émulation pour le Corps médical marseillais, dont le mérite — je le dis bien haut — s'affirme de plus en plus, avec une incontestable autorité, par les difficiles épreuves que doivent subir les candidats au titre si envié de médecin ou de chirurgien des hôpitaux.

RAMPAL, que ses fonctions de chef interne avaient déjà signalé à l'attention publique, devait bientôt s'élever au premier rang parmi ses maîtres et ses contemporains. Il apportait dans l'accroissement de sa clientèle, aussi nombreuse que choisie, une activité qui ne l'abandonna jamais et que nous admirions hier encore. Observateur sérieux, praticien éclairé, il sut mériter à la fois la confiance de ses confrères et celle de ses concitoyens auxquels il a toujours rendu les plus éminents services. Homme de cœur, il soulagea bien souvent de cruelles infortunes. Médecin de diverses Administrations municipales, médecin du parquet, médecin de diverses communautés religieuses et de plusieurs maisons d'éducation, il acquit, dans toutes les classes de la société, des titres à la reconnaissance de tout le monde.

Pour ceux qui l'ont connu dans l'exercice de ses fonctions publiques, en dehors de ses fonctions professorales, tous savent que son dévouement n'eut point de limites, soit au Conseil d'Hygiène, soit au sein de la Commission Sanitaire municipale où ses connaissances spéciales en matière d'hygiène lui avaient valu une très grande notoriété. Ai-je besoin de rappeler son admirable conduite pendant l'épidémie cholérique de 1884-1885, alors qu'il faisait partie du Comité de Vigilance, institué par M. le Préfet Cazelles ? Témoin de son incessante activité pendant ces jours néfastes, collaborateur de ses travaux, je l'ai vu à l'œuvre, dressant des statistiques colossales sur la marche de l'épidémie dans les divers quartiers de notre ville, cherchant à en apprécier les causes et à lui opposer des moyens de défense marqués au coin de la plus saine raison. Aussi n'y eut-il qu'une voix pour applaudir à la haute distinction qui lui fut décernée par le Gouvernement de la République. Cette récompense tardive le consola de bien des mécomptes ; car, depuis longtemps, il avait mérité la croix de la Légion-d'Honneur que tout le monde désirait pour lui.

Inclinons-nous, Messieurs, devant ce cercueil qui emporte un des meilleurs d'entre nous ; saluons avec un pieux respect cette dépouille mortelle dont le passé ne fut pas sans honneur et sans gloire. Si la destinée humaine s'effondre ainsi avec tant de soudaineté, il nous reste, à nous qui attendons notre heure, emportés dans le tourbillon de la vie, la douleur pour aujourd'hui, le souvenir pour demain, et pour l'Éternité l'espérance dans un monde meilleur.

DISCOURS

DE

M. L.-P. BÉLUGOU

Aide d'Anatomie à l'École de Médecine,

Au nom des Étudiants en Médecine.

Cher Maître,

Il y a quinze jours à peine, dans cette demi-heure intime qui précédait le commencement de vos si profitables leçons, vous me parliez de santé ; je vous écoutais en silence, comme un enfant écoute son grand-aïeul qui ne doit pas mourir... Vous voilà maintenant étendu sur la terre, colosse trop petit pour l'irrésistible mort ; et c'est moi encore qui viens, sur le seuil de l'Éternité, vous dire le suprême adieu de toute la jeunesse des Écoles. Douloureux apanage de ce qui m'était un charme pendant que vous viviez !

Cher maître, votre mort engendre dans notre souvenir et surtout dans notre cœur une vie plus réelle. Nous sentons aujourd'hui de quel amour vous brûliez pour nous, de quels sacrifices vous étiez capable pour nous être utile ; et votre exactitude mathématique, votre acharnement pour la clarté dans les démonstrations, votre temps dépensé à notre usage à jet continu et de plus en plus à mesure que vous nous en étiez moins redevable, mais que la vie s'écoulait ; tous ces efforts de votre vaillante volonté ne nous apparaissent plus que comme fonctions de votre immense bonté pour nous.

Vous étiez un père, et aujourd'hui les quarante générations d'élèves que vous sembliez avoir familiarisés avec les morts, tous ne pensent, comme nous, qu'à l'irréparable perte qu'ils viennent de faire et ne savent que pleurer.

Au nom de tous, recevez nos regrets !

DISCOURS

DE

M. le Docteur GIRARD

Médecin de l'hôpital de Draguignan.

L'imposant cortège qui a accompagné la dépouille mortelle de M. le Docteur RAMPAL aux portes de Marseille, nous a légué une triste et consolante fonction, celle de la conduire jusqu'à l'asile du dernier repos, jusqu'à cette tombe où dorment les membres de sa famille qui l'y ont précédé.

Tout a été dit hier, et avec la plus grande autorité, par les confrères et amis du Docteur RAMPAL, sur la vie de cet homme de science et de devoir ; et il ne nous reste plus qu'à évoquer quelques souvenirs, puis à nous faire l'écho des sentiments douloureux qu'a fait naître au milieu de nous une mort si imprévue.

Grandes et irréparables ont été, dans ces derniers temps, les pertes du Corps médical marseillais. Rappelez-vous la mort inopinée de ce médecin distingué, qui, luttant depuis plusieurs mois contre un mal dont il voulait ignorer la gravité pour ne pas lui accorder des soins incompatibles avec l'accomplissement de ses fonctions, arrive un jour haletant chez un malade de la classe pauvre, s'affaisse auprès de son lit et y rend le dernier soupir. C'est bien la mort d'un soldat, d'une victime du devoir professionnel.

Notre cher défunt n'a-t-il pas, lui aussi, été frappé en plein exercice de sa profession? N'a-t-il pas reçu d'un malade le germe de sa mort ?

Que de fois il en avait bravé les menaces en s'exposant à ses coups !

L'Hôtel-Dieu et la population de Marseille n'oublieront jamais la conduite héroïque de ce jeune chef interne qui, pendant une des plus terribles épidémies de choléra, donnait aux malades pauvres ses soins, ses consolations, ses heures de jour et de nuit, toutes les forces vives de sa santé. Il apporta à cette lutte une ardeur, une ténacité et une abnégation qui excitèrent l'admiration générale, provoquèrent les manifestations de la reconnaissance publique et lui assurèrent une confiance anticipée.

Depuis cette époque, sur un théâtre où les infections épidémiques furent si multipliées, pendant cette période qui a précédé les découvertes si fécondes de pathogénie microbienne et où il semblait que les grandes épidémies, avant de disparaître, voulaient donner comme leurs derniers et leurs plus meurtriers assauts, que de fois le Docteur RAMPAL a renouvelé les actes de ce dévoûment sans trêve et sans limites qui avait si magnifiquement inauguré sa vie médicale !

C'est que, de bonne heure et de plus en plus, les intérêts publics furent l'objet de sa plus grande sollicitude. Avec quel zèle et quel succès ne se consacrait-il pas à ses fonctions de médecin légiste et de membre actif et dirigeant du Conseil d'Hygiène des Bouches-du-Rhône ! Ses rapports au sein de cette assemblée et ses monographies sur les questions d'hygiène les plus discutées resteront comme de précieux documents et des modèles par l'abondance des matériaux mis en œuvre, la logique scientifique, la clarté de l'exposition et le sens pratique.

L'École de Médecine de Marseille ne tarda pas longtemps d'associer le jeune RAMPAL à son enseignement. Elle lui confia la chaire d'anatomie, la plus ingrate peut-être, celle qui confine le professeur dans les descriptions arides et détaillées des tissus et des organes et laisse peu de place, devant des novices, à la généralisation et à la synthèse philosophiques. Il fit de cette étude et de cet enseignement la plus précieuse de ses satisfactions, et, sous une forme simple, familière et attrayante, il sut inculquer la connaissance de l'organisation humaine à une série de jeunes auditeurs dont il était encore plus l'ami que le maître.

Du médecin praticien je ne dirai qu'une chose, c'est que son autorité scientifique et son expérience étaient si bien connues de tous qu'il était devenu le médecin ordinairement consulté dans les cas graves et difficiles, et que nous, habitant le pays de sa seconde famille, nous voyions avec confiance et satisfaction arriver cet aîné auprès de nos malades, pour nous soutenir, nous éclairer et partager le poids de la responsabilité.

Malgré un âge qui appelait le repos et une carrière qui avait touché à son terme naturel, les jours se passaient encore pour le Docteur RAMPAL dans le travail et l'exercice de ses fonctions. C'est le caractère des professions comme la nôtre, de devenir promptement une des conditions essentielles et nécessaires de notre activité intellectuelle et de notre vie morale.

Mais c'est aussi le propre de ces professions, faites de sacrifices et d'abnégation, de développer à un haut degré les sentiments et les convictions que l'éducation religieuse, les besoins de l'âme humaine et la méditation sur les grands problèmes de l'existence ont déposés dans l'intelligence et dans le cœur.

Ces sentiments et ces convictions n'avaient pas un seul instant abandonné notre ami, dont ils fortifièrent le courage dans les moments pénibles et au milieu des déchirements de cruelles séparations.

Combien ils lui ont été secourables pendant ses derniers jours, lorsque la religion, en lui apportant ses consolations et son appui, lui a fait entrevoir ce lieu de véritable repos réservé aux âmes méritantes comme la sienne et fatiguées par les luttes de la vie, en même temps qu'elle montrait à sa famille éplorée et à ses amis en deuil ce rendez-vous d'outre-tombe où plus rien ne meurt et où l'affection ainsi que l'amitié demeurent éternelles.

Cette fin si exemplaire, cette existence consacrée au bien, ce témoignage unanime d'attachement, d'estime et de regrets sont, hélas ! les seules, mais les précieuses consolations qui restent à une épouse si tendrement aimée ; à un fils, objet de tant d'affection ; à une fille, à un gendre, qui, avec de chers petits êtres, réjouissaient le cœur de leur vénéré père ; à nous tous, parents, amis, serviteurs ou obligés, qui lui adressons un suprême adieu et lui disons : Au revoir dans un monde meilleur !

DISCOURS

DE

M. VERRION

Avocat,

Ancien Président du Tribunal civil de Draguignan.

~~~~~~~~~

Monsieur le Docteur Rampal est mort à Marseille, le 26 décembre, d'une maladie contractée au chevet d'un malade. Il est mort de ce dévouement qui fait l'honneur et la gloire de la noble profession à laquelle il appartenait. Une voix compétente et autorisée vous a dit la carrière de Monsieur Rampal, savant professeur, praticien consommé, honoré des plus hautes distinctions et entouré de la considération et du respect de tous.

Je viens, au nom des nombreux amis qu'il avait dans notre ville et parmi lesquels je suis fier de pouvoir me compter, au nom des ouvriers et des employés qui le chérissaient comme un père, lui adresser un dernier adieu.

Monsieur Rampal avait épousé, en 1860, la fille de M. Henri Caussemille, fabricant de savons, président de notre Tribunal de commerce, dont le nom était synonyme de probité et de loyauté commerciale. On ne pouvait faire une alliance plus honorable. Il perdit son beau-père huit ans après cette union.

Devenu par le cœur notre concitoyen, guidé par un

sentiment de reconnaissance envers une population qui l'avait entouré de ses sympathies, Monsieur RAMPAL ne voulut pas que la maison de commerce et l'industrie créées par son beau-père disparussent avec celui-ci. La maison de commerce resta debout, les usines continuèrent à fonctionner. Peu soucieux de ses intérêts personnels, quand il s'agissait d'être utile, il conserva ainsi à plusieurs familles leurs moyens d'existence par le travail.

Mais sa pensée généreuse ne se borna point là. Il ne se croyait pas quitte envers ceux qu'il employait en leur payant un salaire convenu. Son bon cœur et ses sentiments chrétiens lui traçaient une mission bien plus haute. Il vit dans les hommes qui lui donnaient leur labeur quotidien les membres d'une même famille dont il était le chef, et ne cessa jamais de les traiter comme tels.

Rien de plus touchant que les récits de tous les actes de bienfaisance que j'ai recueillis de la bouche même de ses ouvriers et de ses employés. Ils me les faisaient, les yeux pleins de larmes, en me priant de les porter sur sa tombe comme le plus bel hommage que l'on pût rendre à sa mémoire.

Un des employés de son comptoir fut atteint, il y a plusieurs années, d'une grave infirmité qui lui interdisait tout travail. Non seulement il lui a prodigué sans interruption ses soins comme médecin, mais il a exigé qu'il continuât à recevoir ses appointements.

Un ouvrier était-il malade, il lui payait ses salaires pendant tout le temps de sa maladie et lui fournissait, en outre, libéralement tous les secours qu'exigeait sa position.

Il possédait dans le terroir de Draguignan une usine importante. L'ancien propriétaire avait laissé une veuve dans la détresse. Cette femme, aujourd'hui âgée de 85 ans, a toujours continué à habiter l'immeuble où elle avait vécu avec son mari, et Monsieur Rampal lui a toujours fourni tout ce qui était nécessaire à son existence.

Je ne finirais pas si je voulais raconter tous les traits de bienfaisance de cet homme à jamais regrettable.

D'ailleurs le plus long discours ne vaudrait pas le spectacle de tous ces ouvriers en pleurs, dont l'attitude autour de sa tombe exprime la douleur d'enfants qui auraient perdu leur père.

Qu'ils se rassurent cependant sur leur avenir! Monsieur Rampal laisse après lui une épouse, sainte femme, qui n'est restée étrangère à aucun des actes de bienfaisance de son époux; deux enfants, modèles de piété filiale; un gendre, héritiers de toutes les vertus de leur père. Ils ne failliront pas, j'en suis sûr, aux traditions et aux exemples qu'il leur lègue.

Adieu, cher et vénéré Docteur, allez reposer auprès de votre cher fils Henri dont l'âme immaculée vous sourit de Là-Haut et vous attend au séjour des âmes d'élite. Dieu vient de vous ravir à votre tour à l'affection de votre épouse et de vos enfants. Puissent-ils trouver un adoucissement à leur affliction dans l'espérance que votre vie, consacrée au devoir et à la bienfaisance, recevra le prix que la justice divine réserve à ceux qui ont passé en faisant le bien!

LE DOCTEUR RAMPAL

ET

LA PRESSE LOCALE

Le *Petit Marseillais,* n° des 26-27 décembre 1890.

MORT DU DOCTEUR RAMPAL

VICTIME DU DEVOIR PROFESSIONNEL

Le courage professionnel n'est point l'apanage exclusif des soldats, et s'ils savent verser leur sang sur les champs de bataille, d'autres n'hésitent jamais à exposer leur vie pour disputer à la mort ceux que la maladie lui destine. Ce sont les médecins, soldats du devoir, dont l'existence est toute d'abnégation.

Le jour ou la nuit, ils n'hésitent jamais, et alors même que les parents désertent la chambre d'un des leurs pour échapper aux atteintes infectieuses, le médecin est là, lui, au chevet du moribond, auquel il prodigue ses consolations et ses soins. Rôle d'autant plus admirable que rien ne le contraint à le remplir et qu'il connaît tous les dangers de son intervention... Généralement même, le dévoûment du médecin s'accroît avec les souffrances de celui qu'il soigne, et Dieu sait les preuves qu'il en donne en présence de certaines opérations dont il lui faut cependant surmonter le dégoût !...

Les membres du Corps médical marseillais nous ont donné, en maintes circonstances, l'occasion de nous faire une religion profonde à ce sujet. Aussi saluons-nous douloureusement ceux qui succombent à la tâche et meurent parce qu'ils n'ont pas voulu laisser mourir...

Il y a quelques mois, c'était le Docteur NICOLAS-DURANTY qui était enlevé en quelques heures à l'affection de tous, frappé au chevet d'un jeune homme moribond ; on se souvient de quelle dramatique façon.

Tout récemment, le Docteur MARTIN, le spécialiste distingué et charitable, dont le dispensaire était le rendez-vous des pauvres, succombait à son tour des suites d'une angine couenneuse dont il avait pris le germe en soignant sa petite-fille, l'enfant adorée de son gendre, M. le Docteur Changarnier !

Aujourd'hui c'est le tour d'un autre, du Docteur RAMPAL, qui est mort hier matin, à quatre heures, après une maladie de cinq jours à peine. Celui-là encore est tombé victime de son devoir professionnel.

Depuis quelques jours, il soignait une jeune diphtérique, lorsque lui-même dut s'aliter. Dès la première heure, son neveu, le Docteur RAMPAL, ses amis, les docteurs d'ASTROS père et LAGET lui prodiguèrent toutes les ressources de leur art, mais le mal a été le plus fort ! Le Docteur RAMPAL a succombé à une angine contractée près du lit de sa petite cliente !

Ce n'était pas le premier venu que le Docteur RAMPAL, et, fils de ses œuvres, il occupait une des premières places dans le Corps médical marseillais. Né le 29 janvier 1824, à la Bourdonnière, et après de brillantes études qu'il compléta à Paris, il fut nommé chef interne de notre hôpital vers 1854. En 1856, il devint suppléant à l'École de Médecine et enfin professeur titulaire en 1868. Chacun sait avec quelle savante érudition étaient faits ses cours d'anatomie et combien ses leçons étaient suivies.

Successivement officier d'Académie et de l'Instruction publique, le Docteur RAMPAL fut fait chevalier de la Légion-d'Honneur à l'occasion du choléra de 1884-85, en même temps que ses collègues NICOLAS-DURANTY, QUEIREL et VILLARD, que M. CAZELLES, alors préfet, s'était adjoint dans la Commission sanitaire, où ils donnèrent la mesure de leur savoir.

En dernier lieu, le défunt était professeur à l'École de Médecine, médecin honoraire de l'octroi, vice-président du Conseil d'hygiène, membre de l'Académie des sciences, lettres et arts de Marseille.

Les obsèques du Docteur RAMPAL, dont le corps sera transporté à Draguignan, auront lieu demain matin, à neuf heures, cours Pierre-Puget, 4. Nous adressons à sa famille nos sincères compliments de condoléance.

LAROUAIRE.

Le *Petit Provençal*, n° des 26-27 décembre 1890.

Le monde médical de notre ville, qui a déjà payé cette année un si large et si douloureux tribut à la mort, vient encore d'être éprouvé par la perte d'un de ses membres les plus distingués : Monsieur le Docteur RAMPAL est décédé, hier matin, aux suites d'une angine contractée au chevet d'un malade.

Chevalier de la Légion-d'Honneur, officier de l'Instruction publique, professeur à l'École de Médecine, directeur de l'Académie des sciences, lettres et arts, vice-président du Conseil d'hygiène et de salubrité, Monsieur le Docteur RAMPAL occupait une large place dans le Corps scientifique de notre ville. Sa mort au poste de combat ne peut qu'ajouter à la légitime considération dont l'entouraient ses concitoyens. Nous prions la famille, si cruellement éprouvée, d'agréer l'expression de nos condoléances.

Le *Sémaphore*, n° des 25-26-27 décembre 1890.

Nous avons appris avec regret la mort de Monsieur le Docteur RAMPAL, enlevé en quelques jours à l'affection de sa famille et de ses amis par une cruelle maladie contractée au chevet d'un de ses confrères, qui a succombé lui-même la semaine dernière.

Monsieur le Docteur RAMPAL, après des débuts très

modestes, était parvenu par son travail opiniâtre, secondé par une intelligence active, à une situation en vue dans notre Corps médical marseillais. Ancien chef interne des hôpitaux, il était professeur d'anatomie à l'École de Médecine de Marseille et président du Conseil d'hygiène. Il avait été nommé chevalier de la Légion-d'Honneur à la suite de l'épidémie cholérique de 1884.

Nous adressons à la famille RAMPAL l'expression de nos sincères condoléances.

Le *Soleil du Midi,* n° des 26-27 décembre 1890.

Très rapidement après quelques jours de maladie, Monsieur le Docteur RAMPAL vient d'être ravi à l'affection des siens par une angine contractée au chevet d'un malade. Monsieur le Docteur RAMPAL jouissait, à Marseille, de la plus grande estime. Il était professeur titulaire d'anatomie à l'École de Médecine. Sa mort sera unanimement déplorée dans la société marseillaise et dans notre monde médical.

La *Gazette du Midi*, n° des 26-27-28 décembre 1890.

Nous avons à annoncer ce matin la triste nouvelle de la mort de Monsieur le Docteur Louis RAMPAL, emporté hier matin à quatre heures, après une courte maladie. Il y a quelques jours, il soignait une jeune diphtérique, lorsque lui-même dut s'aliter. Dès la première heure, son neveu le docteur Rampal, ses amis, les docteurs d'Astros père, Lachaux et Laget, lui prodiguèrent toutes les ressources de leur art ; mais le mal a été le plus fort. Le Docteur Rampal a succombé à une angine contractée près du lit de sa petite cliente.

Le Docteur Rampal était fils de ses œuvres. Né le 29 janvier 1824, au hameau de la Bourdonnière, et après de brillantes études qu'il compléta à Paris, il fut nommé chef interne de notre hôpital en 1850. En 1856, il devint suppléant à l'École de Médecine et enfin professeur titulaire en 1868. Chacun sait avec quelle savante érudition étaient faits ses cours d'anatomie et combien ses leçons étaient suivies.

Successivement officier d'Académie et de l'Instruction publique, le Docteur Rampal fut fait chevalier de la Légion-d'Honneur, à l'occasion du choléra de 1884-85, en même temps que ses collègues Nicolas-Duranty, Queirel et Villard, que M. Cazelles, alors préfet, s'était adjoint dans la Commission sanitaire où ils donnèrent la mesure de leur savoir et de leur dévoûment.

En dernier lieu, le défunt était professeur à l'École de Médecine, médecin honoraire de l'octroi, vice-président du Conseil d'hygiène, membre de l'Académie des sciences, lettres et arts de Marseille.

Les obsèques du Docteur Rampal, dont le corps sera transporté à Draguignan, pour y être inhumé dans une tombe de famille, auront lieu demain matin, à neuf heures, cours Pierre-Puget, 4. Nous adressons à sa famille nos sincères compliments de condoléance.

Dans le numéro suivant, la *Gazette du Midi* a publié le discours prononcé aux obsèques du Docteur RAMPAL par Monsieur Charles VINCENS, au nom de l'Académie de Marseille.

Le *Journal de Marseille,* n° des 26-27-28 décembre 1890.

Nous apprenons avec un vif regret la mort de M. le Docteur RAMPAL, décédé hier matin aux suites d'une angine qu'il avait contractée au chevet d'un malade.

M. le Docteur RAMPAL, qui était chevalier de la Légion-d'Honneur et officier de l'Instruction publique, occupait la chaire de professeur d'anatomie à l'École de Médecine. Il était également Directeur de l'Académie des sciences, lettres et arts de notre ville et Président du Conseil d'Hygiène et de salubrité. Sa mort sera vivement ressentie à Marseille, où le Docteur RAMPAL ne comptait que des amis, grâce à son affabilité et à son dévoûment.

Nous adressons à sa famille éplorée l'expression de nos sincères condoléances.

Le *Petit Marseillais,* n° du 29 décembre 1890.

Les obsèques de M. le Docteur RAMPAL ont été, hier matin, l'occasion d'une imposante manifestation de respect et de sympathie populaires. Toutes les classes sociales étaient représentées dans ce long cortège, où les notabilités se mêlaient à la foule. Dans les milieux les plus divers, on avait voulu honorer ce médecin mort au champ d'honneur, ce fils de ses œuvres, dont le frère est encore, comme l'était leur père, un modeste cultivateur de la Bourdonnière. On était frappé également de cette mort de médecin — la cinquième en deux mois, — et on louait bien haut le dévouement dont ont fait preuve au chevet de leur éminent collègue MM. les docteurs LACHAUX, d'ASTROS et LAGET.

Les honneurs militaires étaient rendus par un piquet du 40e et le service d'ordre était assuré par des gardiens de la paix commandés par l'inspecteur Béranger. Après le clergé de six paroisses venaient quatre poêles tenus par les délégations suivantes : Étudiants en médecine et pharmacie ; Assistance médicale des Bouches-du-Rhône ; Académie de Marseille, professeurs de l'École de Médecine, de la Faculté des Sciences et des Facultés des Lettres et de Droit d'Aix, en robe. Au corbillard, que recouvrait la robe du professeur, était suspendue une couronne offerte par les Etudiants en médecine et pharmacie. Le deuil était conduit par le fils, le gendre et le neveu du défunt, suivis des professeurs de l'École de Médecine en robe. Dans le long cortège on remarquait : le nouveau

Secrétaire-Général de la préfecture, M. Brû d'Esquille ; MM. Baret, maire ; Jourdan, Sixte Rey, Montus, adjoints ; de Rossi, président du Tribunal; Blanchard, vice-président ; Hubac, juge ; Pellefigue, procureur de la République ; Giraud, substitut ; Cazes, inspecteur d'Académie ; Arnaud et Cyprien Fabre, présidents du Tribunal et de la Chambre de Commerce ; Gros, ancien président ; Guérard, ingénieur des ports ; Le Serurier, Gouin, Métaxas, Delibes, Vassal, Moulin, Dubiau, de Montricher ; les membres de la Commission des Hospices ; de Foucault ; Chevillon, maire d'Allauch ; de nombreux membres du Corps médical, les étudiants en médecine et en pharmacie, etc.

Après une grand'messe, célébrée en l'église Saint-Charles, le cortège s'est rendu à la gare où M. le Curé Guiol a prononcé les dernières prières. Plusieurs discours éloquents ont été ensuite prononcés. Dans une improvisation des plus heureuses, M. Brû d'Esquille a rendu hommage, au nom de l'Administration, au Vice-Président du Conseil d'hygiène, à l'homme de bien dont la mémoire demeurera comme un exemple et une leçon. — M. le Docteur Chapplain, directeur de l'École de Médecine, a rappelé la vie de cet enfant de cultivateurs, dont l'éducation, commencée par le curé de son hameau, continuée au petit séminaire, puis au lycée, s'acheva à Paris, où il conquit le doctorat en s'aidant des minces ressources de répétiteur à Sainte-Barbe. Il signale son dévoûment pendant les épidémies cholériques, ses services comme professeur d'anatomie, médecin du Parquet, organisateur d'ambulances, si tardivement récompensés ; ses mémoires et rapports lumineux, comme membre de la Commission d'hygiène. Il loue enfin avec compétence l'homme affable, religieux et dévoué. — M. Charles Vincens, au nom de l'Académie de Marseille, déplore la perte du Directeur récemment élu. — Enfin, MM. les Docteurs Roux (de Brignoles) et Villard, au nom du Conseil d'hygiène et de l'Association générale des médecins de France, et M. Bélugou, aide d'anatomie, au nom des étudiants, prononcent des paroles émues.

L'inhumation aura lieu aujourd'hui à Draguignan.

Le *Marseille Médical*, n° du 30 décembre 1890.

Le Professeur Louis RAMPAL.

Le *Marseille Médical* vient, pour la troisième fois, dans l'espace de quelques semaines, d'être cruellement frappé. A peine sommes-nous remis de l'émotion causée par la mort si inopinée de deux des nôtres, les docteurs NICOLAS-DURANTY et VAN-GAVER, qu'un troisième vient de tomber, encore frappé au champ d'honneur, victime du devoir professionnel.

Le Docteur Louis RAMPAL a succombé, en effet, le 26

décembre, à la suite d'une angine diphtéritique contractée près du lit d'une jeune malade qu'il soignait depuis quelques jours.

Notre Corps médical n'a jamais été aussi tristement éprouvé ; jamais nos rangs n'ont été ainsi éclaircis sans pitié. Car, en dehors des membres du Comité de publication de notre journal, dont nous venons de rappeler les noms, il y a peu de jours à peine, un de nos confrères, le docteur Émile MARTIN, le spécialiste distingué et charitable, dont le dispensaire était le rendez-vous des pauvres, succombait à son tour des suites d'une angine diphtéritique dont il avait contracté le germe en soignant sa petite-fille.

C'est ainsi que la mort qui, au commencement de 1890, avait semblé épargner les médecins qui luttaient avec elle, sans trêve ni merci, pendant l'épidémie d'influenza qui a occasionné tant de décès, reprend sa revanche avant la fin de l'année, comme pour montrer qu'elle est toujours là, inexorable, et que, si elle accorde parfois un répit, ce n'est que pour frapper plus cruellement, à coups redoublés. Nous en avons un exemple à l'heure actuelle. Nous nous félicitions d'avoir traversé la saison meurtrière de l'hiver dernier sans avoir perdu aucun des nôtres. Pourquoi faut-il clôturer l'année en comptant les vides faits dans nos rangs, ou, pour mieux dire, à notre tête ?

Les obsèques du Professeur RAMPAL ont eu lieu au milieu d'un concours considérable d'amis et de confrères.

L'espace nous manque pour reproduire les justes paroles qui ont été prononcées à la gare avant que la dépouille mortelle ne parte pour Draguignan, où elle doit être inhumée. Chacun des Corps ou Sociétés dont notre regretté collègue faisait partie a tenu à lui rendre un dernier hommage. Le Secrétaire-Général de la préfecture, en l'absence de M. le Préfet, a parlé de l'hygiéniste distingué, prêtant sans cesse ses connaissances à l'Administration comme Vice-Président du Conseil d'Hygiène du premier arrondissement des Bouches-du-Rhône. M. Chapplain, Directeur de l'École de Médecine, a retracé la carrière scientifique de celui qui avait enseigné d'une manière si éclatante l'anatomie et formé à ses leçons les générations de médecins qui se sont succédé à notre École, pendant un quart de siècle. Le Chancelier de l'Académie des sciences, belles lettres et arts de Marseille, M. Vincens, a rendu hommage à l'homme érudit et savant qui, par son labeur et sa volonté de fer, était arrivé aux plus belles situations qu'un homme de travail puisse envier. M. Roux, au nom du Conseil d'Hygiène, M. Villard, au nom de l'Association générale des Médecins de France, ont retracé la vie de dévouement et d'abnégation de celui qui, pendant si longtemps, avait dirigé le Conseil d'Hygiène et apporté ses avis sages et éclairés au Conseil d'Administration de l'Association. Enfin, M. Belugou, au nom des Étudiants, est venu rendre hommage au Maître vénéré.

La carrière médicale du Docteur Rampal a, en effet, été bien remplie. Né le 29 janvier 1824, à la Bourdonnière, il fut, vers 1854, nommé Ier chef interne de l'Hôtel-Dieu, après de brillantes études, complétées à Paris. En 1856, il devint suppléant à l'École de Médecine et enfin professeur titulaire en 1868.

Succesivement officier d'Académie et de l'Instruction publique, le Docteur RAMPAL fut fait chevalier de la Légion-d'Honneur à l'occasion du choléra de 1884. Il était médecin honoraire de l'octroi, Vice-Président du Conseil d'Hygiène et Directeur de l'Académie des sciences, belles-lettres et arts de Marseille.

Le *Marseille Médical,* dont il était un des fondateurs, perd en lui un collaborateur précieux au point de vue de la médecine légale et de l'hygiène.

Au nom de la rédaction, nous disons un suprême adieu au maître, au collègue et au collaborateur, et nous adressons à sa famille l'expression de notre douloureuse sympathie.

Dr LIVON.

L'*Écho de Notre-Dame-de-la-Garde,* n° du 4 janvier 1891.

M. le Docteur Louis RAMPAL.

Cette mort est une perte bien sensible pour le Corps médical, dont le regretté Docteur était un des membres les plus estimés et les plus instruits : pour bien des prêtres et des communautés religieuses dont il était le médecin et l'ami, pour un grand nombre de pauvres dont il était le bienfaiteur. Quant à ceux qui ont eu l'avantage, comme nous, de voir de près, pendant de longues années, quelles étaient la droiture et la loyauté de son esprit, la générosité de son cœur et l'élévation de ses sentiments, joints à un grand amour du foyer domestique et à une exquise modestie, que rien n'avait pu amoindrir, ni la grande fortune dont il était lui-même l'artisan, ni la considération plus grande encore dont il jouissait auprès de tous, ils garderont fidèlement le souvenir de cette noble victime du devoir professionnel.

On a dit les nombreux services rendus par le regretté Docteur pendant une carrière si laborieuse et si bien remplie ; on a signalé particulièrement les travaux qu'il a publiés et son dévoûment pendant le choléra de 1884-1885, époque où il fut nommé chevalier de la Légion-d'Honneur. Pour nous, rappelons surtout ses sentiments religieux.

Dès que la gravité de sa dernière maladie fut déclarée, un de ses meilleurs amis, M. le Chanoine GUIOL, Curé de Saint-Joseph, l'invita à faire appeler son confesseur. Mais le R. P. BELLON était atteint de la maladie qui devait nous le ravir quarante-huit heures plus tard. « Eh bien ! dit le bon Docteur, avec un calme parfait, dites-le-lui toujours, et il m'enverra son ami, le P. DELPEUCH. » Le R. P. DELPEUCH arriva aussitôt, confessa le malade qui jouissait de toutes ses facultés, et M. l'abbé CASTELLAN administra au bon Docteur le sacrement de l'extrême-onction, ne pouvant lui donner le saint viatique, à cause de la nature de la maladie.

Cependant, malgré les soins les plus intelligents et les plus dévoués, le mal faisait de rapides progrès. Le confesseur accourt de nouveau et, après avoir donné au malade une dernière absolution, il lui présente à baiser un crucifix indulgencié. Le Docteur RAMPAL aussitôt se met à baiser l'image sacrée avec une telle ardeur et si longuement, que l'on ne pouvait plus arrêter cette effusion de prière et d'amour.

Les obsèques ont été célébrées dimanche 28 décembre, en l'église de Saint-Charles, au milieu d'un concours considérable. M. le Curé de Saint-Joseph a récité, à la gare, les dernières prières. Six discours ont été prononcés. Nous devons signaler au moins, regrettant de ne pouvoir le reproduire, celui de M. Charles VINCENS, chancelier de l'Académie de Marseille, qui a flétri les systèmes matérialistes et affirmé, dans cette circonstance solennelle, l'immortalité de l'âme avec autant d'énergie dans la pensée que de distinction dans le langage.

Nous prions l'honorable et chrétienne famille du regretté Docteur d'agréer l'expression de nos plus vives sympathies.

L'Abbé T. BRIEUGNE.

Le *Var* (de Draguignan), n° du 1ᵉʳ janvier 1891.

M. le Docteur Louis-Marius RAMPAL.

Il est grand temps que l'année 1890 arrive à sa fin. Que de pleurs elle a fait couler! à combien de familles elle rappellera les plus amers souvenirs ! Elle vient de nous enlever encore l'excellent Docteur Rampal, à la mort duquel rien ne nous avait préparés, que nous avions vu dans nos murs, il y a si peu de temps, toujours plein de vie et d'infatigable activité. Il a succombé, vendredi dernier, d'un mal contracté au chevet d'un de ses malades.

A Marseille, ses obsèques ont donné lieu à une véritable manifestation publique à laquelle se sont associées toutes les classes de la société et toutes les Administrations publiques. Nul ne méritait mieux pareil hommage de respectueuse reconnaissance : le Docteur Rampal, durant sa longue carrière médicale, s'était en effet attiré l'affection d'une nombreuse clientèle soignée avec un art des plus sûrs et un dévoûment au dessus de tout éloge ; il n'avait cessé, d'autre part, pendant cette longue période, de rendre des services exceptionnels et publics à la ville de Marseille, soit au Conseil d'Hygiène qu'il présidait depuis dix-huit ans, soit dans les diverses fonctions dont il avait été investi. Et enfin ne venait-il pas de tomber, victime de son devoir professionnel consciencieusement accompli, sur ce noble champ de bataille où le médecin sent la mort le guetter insidieusement, et sa fin ne devait elle pas être glorifiée comme celle du soldat tombé en combattant?

La nouvelle de cette mort imprévue a été comme un deuil public à Draguignan, où M. RAMPAL ne comptait que des amis et des obligés. Dimanche soir, un cortège recueilli de parents, d'amis et d'ouvriers allait recevoir son cercueil à la gare et l'accompagnait à la chapelle ardente que des soins pieux avaient disposée dans sa demeure. Les obsèques ont eu lieu lundi matin, au milieu d'un concours imposant. La population dracénoise a voulu témoigner son estime et sa reconnaissance au savant obligeant, à l'homme affable et bon qu'elle aimait à considérer comme un concitoyen, et à donner un éclatant témoignage de sympathie à toute la famille RAMPAL.

Toutes les œuvres de bienfaisance, l'hospice compris, tout le clergé, deux poëles tenus par les amis de la famille et par les membres du Corps médical précédaient le cercueil qui disparaissait au milieu d'une vraie foule de fournisseurs, d'employés et d'ouvriers se disputant, d'une façon touchante, l'honneur de le porter. Le deuil était conduit par MM. Auguste RAMPAL, fils du défunt; CHAUBET, son gendre et le Docteur Louis RAMPAL, son neveu.

La famille RAMPAL peut être assurée qu'on n'oubliera pas à Draguignan celui qu'elle vient de perdre, et qu'en parlant de lui on répètera toujours :

« La vie et la mort du Docteur Rampal ont été un exemple et une leçon ; il a vécu en homme de bien et de dévoûment ; il est mort au champ d'honneur. »

Au cimetière, deux orateurs ont pris la parole : M. le Docteur Girard, au nom des médecins, et M. Verrion, au nom des amis de la famille. Nous reproduisons ces deux discours qui ont ému jusqu'aux larmes la nombreuse assistance.

Dr Balp.

L'*Indépendant du Var* (de Draguignan) n° du 1er janvier 1891.

Monsieur le Docteur RAMPAL

Quels tristes adieux nous fait l'année qui s'en va, et quels vides elle laisse qui ne se combleront jamais !

Nous revenions à peine des funérailles de Monsieur Trotabas, lorsqu'est arrivée la nouvelle de la terrible maladie à laquelle le Docteur Rampal devait succomber en quelques jours.

On sait quelle brillante situation s'était faite à Marseille Monsieur Rampal, professeur à l'École de Médecine, Directeur de l'Académie des sciences, lettres et arts, Vice-Président du Conseil d'Hygiène, chevalier de la Légion-d'Honneur.

Mais, à voir l'émotion douloureuse, le deuil de notre population, le cortège qui l'accompagnait à sa dernière demeure, on n'aurait jamais pensé que l'homme ainsi regretté ne fût point un fils du pays, qu'il ait tenu ailleurs que chez nous une si grande place, laissé dans une autre ville un vide aussi grand !

Monsieur Rampal avait puisé l'attachement pour notre pays à la meilleure des sources, au cœur de la femme d'élite qui a partagé sa vie.

Et cet attachement n'a point été stérile ; car toute affection, tout sentiment portait ses fruits dans ce grand cœur servi par une grande intelligence : aujourd'hui Monsieur Rampal appartient à notre ville par le bien qu'il y a fait.

Sa mort, causée par une maladie prise au lit d'un malade, a été chrétienne comme sa vie.

Dans cette pensée, dans le souvenir d'une existence aussi noblement remplie, est la seule consolation qui puisse adoucir, pour sa famille, la douleur d'une aussi irréparable perte.

* * *

Les obsèques ont eu lieu, à Draguignan, lundi matin à neuf heures. Un piquet du 61me de ligne rendait les honneurs militaires, à la levée du corps. La population tout entière formait le cortège. Le cercueil, que recouvrait la robe du professeur, était porté par les ouvriers de la fabrique de savon Caussemille-Rampal, auxquels s'étaient joints les ouvriers des autres fabriques.

Il était précédé de deux poêles dont les cordons étaient tenus par MM. Doze, Coulomb, Balp et Lavagne, docteurs en médecine; et par MM. Duval, Courtès, de Lacouture et Verrion, amis du défunt. Le char funèbre, qui suivait le cortège, disparaissait sous les fleurs et les couronnes.

Au cimetière, deux discours ont été prononcés, l'un par Monsieur le Docteur Girard, au nom du Corps médical, l'autre, au nom des amis, par M. Verrion, avocat, ancien président du Tribunal civil.

Hip. Duval.

www.ingramcontent.com/pod-product-compliance
Lightning Source LLC
LaVergne TN
LVHW051507090426
835512LV00010B/2388